Estrellas

POR **Steve Tomecek**

ILUSTRACIONES DE **Sachiko Yoshikawa**

■ NATIONAL GEOGRAPHIC

WASHINGTON, D.C.

Estrellas

Prepárate para acompañar a un niño y a su perro
a un viaje científico para encontrar las respuestas
a estas emocionantes preguntas:

¿Adónde van las estrellas cuando es de día?

¿A qué distancia están de nosotros las estrellas?

¿Qué historias podemos aprender de las estrellas?

¿Estás a punto para tu viaje de descubrimientos?
¡Excelente! ¡Volvamos, pues, la página y comencemos!

Mira las estrellas en una noche oscura y despejada...
Es asombroso cuántas puedes ver.
Escoge una estrella y pide un deseo.

¿Alguna vez te has preguntado a dónde van las estrellas cuando es de día? ¿Por qué brillan tanto durante la noche? ¿De qué están hechas las estrellas?

¡Acompáñanos a conocer todo sobre las estrellas!

Si quieres ver las estrellas, tienes que esperar a que oscurezca. ¿A dónde van las estrellas durante el día? ¡A ninguna parte! Aunque no puedas verlas, las estrellas siguen brillando en el cielo.

El sol radiante hace que el cielo brille tanto que la luz de las estrellas no puede verse. Cuando el sol comienza a esconderse, el cielo se oscurece. Entonces, una a una las estrellas empiezan a aparecer.

¡ki-ki-ri-kí!

A veces, incluso de noche, es difícil ver las estrellas.
Sucede así, sobre todo, cuando vives en una ciudad
en la que hay muchas luces que brillan.
Ello se debe a que las luces actúan igual que
el sol. Hacen que el cielo brille tanto
que no puedes ver las estrellas.

HOTEL

8

En el campo, lejos de la ciudad,
hay menos luces brillantes.
Aquí sí puedes ver las estrellas.
Parece como si se hubieran quedado
ahí para siempre.

¿Cómo son las estrellas? A veces, la gente dibuja las estrellas con pequeñas puntas. Pero las estrellas de verdad no tienen puntas. Son redondas, igual que nuestro sol. De hecho, nuestro sol es también una estrella. El sol es nuestra estrella, la más cercana a la Tierra.

Aunque las estrellas parezcan pequeños puntos, son enormes. Al igual que nuestro sol, las estrellas son bolas gigantescas de gas caliente y brillante. ¿Por qué parecen mucho más pequeñas que nuestro sol? Es porque están mucho más lejos que él.

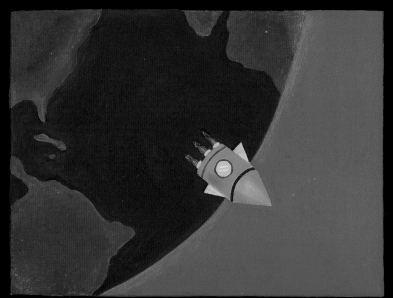

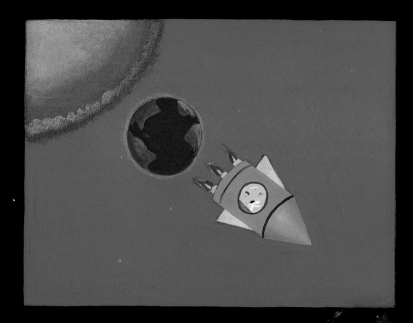

Desde aquí en la Tierra, nuestro sol parece la estrella más grande y brillante de todas. Pero, si se compara con muchas otras estrellas, nuestro sol es pequeño. A nosotros nos parece que es muy grande porque está mucho más cerca de la Tierra que las demás estrellas.

Si te pudieras subir a un cohete espacial y volar alejándote de nuestro sol, verías que el sol se iría volviendo cada vez más y más pequeño. Cuando hubieras llegado muy lejos, verías a nuestro sol como un pequeño punto. Lo verías justo igual que las estrellas que ves en el cielo nocturno.

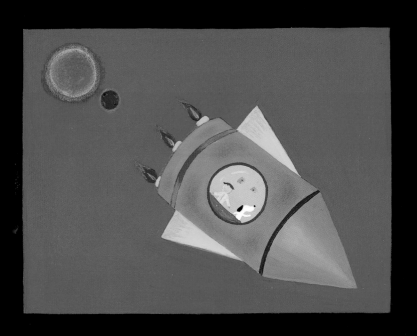

Deneb

1630

Vega

25

Fomalhaut

22

¿A qué distancia están las estrellas? Parece como si todas estuvieran a la misma distancia. Pero, de hecho, las estrellas están tan lejos que tus ojos no pueden distinguir que algunas de ellas están más cerca de la Tierra que otras. Los científicos usan una medida llamada año luz para medir la distancia de las estrellas. Un año luz equivale a casi 9,500 billones de kilómetros.

Hadar

320

4

Próxima Centauri

Nota: Las distancias están en años luz y son aproximadas. El diagrama no está a escala.

Acrux

510

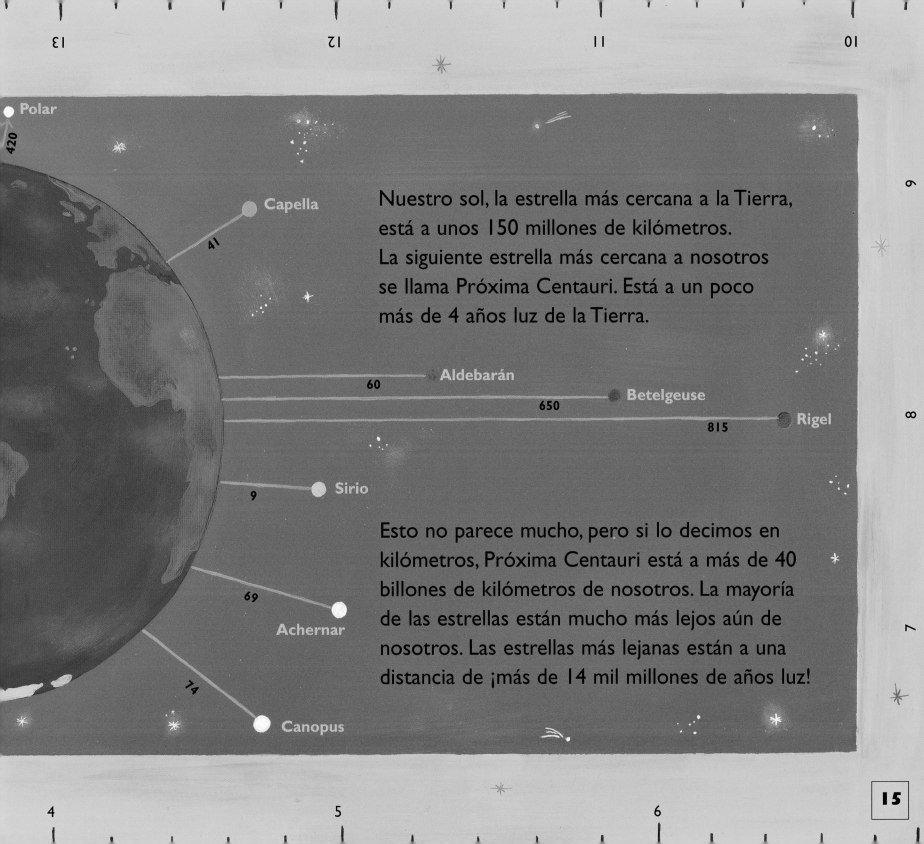

Polar
420

Capella
41

Nuestro sol, la estrella más cercana a la Tierra,
está a unos 150 millones de kilómetros.
La siguiente estrella más cercana a nosotros
se llama Próxima Centauri. Está a un poco
más de 4 años luz de la Tierra.

Aldebarán
60

Betelgeuse
650

Rigel
815

Sirio
9

Esto no parece mucho, pero si lo decimos en
kilómetros, Próxima Centauri está a más de 40
billones de kilómetros de nosotros. La mayoría
de las estrellas están mucho más lejos aún de
nosotros. Las estrellas más lejanas están a una
distancia de ¡más de 14 mil millones de años luz!

Achernar
69

Canopus
74

Brillo:
Tamaño, Color, Temperatura

No todas las estrellas son iguales. Probablemente habrás notado que algunas estrellas se ven brillantes y otras se ven tenues. Algunas estrellas se ven brillantes porque están muy, muy calientes. Otras estrellas se ven brillantes porque son muy, muy grandes. Otras más, como nuestro sol, se ven brillantes porque están cerca de la Tierra.

Esto puede parecer confuso. Significa que una estrella pequeña, caliente, que está lejos de nosotros puede verse más tenue que una estrella fría, grande, que esté más cerca de la Tierra. Los astrónomos, que son los científicos que estudian las estrellas, buscan otras pistas, además de la luminosidad, para saber cómo es una estrella.

Una de las pistas que los astrónomos usan es el color de una estrella. La mayoría de las estrellas se ven blancas al principio. Pero si vas a un lugar que esté muy oscuro y observas con cuidado, verás que algunas estrellas son rojas, otras son amarillas, otras son blancas realmente, y algunas son incluso azules.

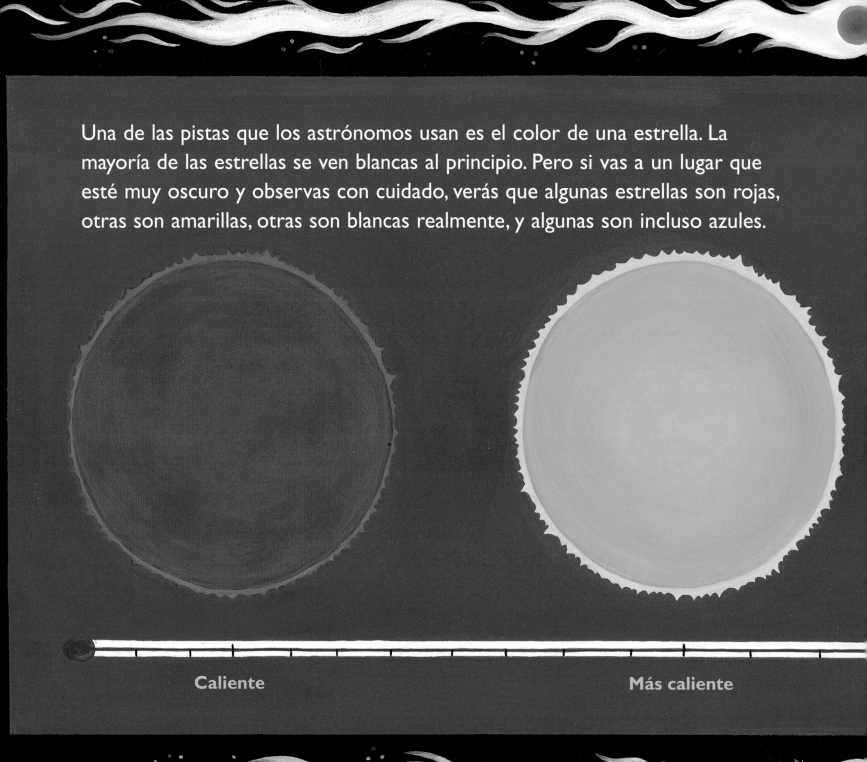

Caliente

Más caliente

Las estrellas rojas son calientes. Las estrellas blancas son muy calientes. Las estrellas azules son ¡muy, muy calientes! Nuestro sol es una estrella amarilla. Las estrellas amarillas son un intermedio entre las estrellas rojas y las blancas, en cuanto a temperatura. ¿Dónde le correspondería estar a nuestro sol, en esta gráfica?

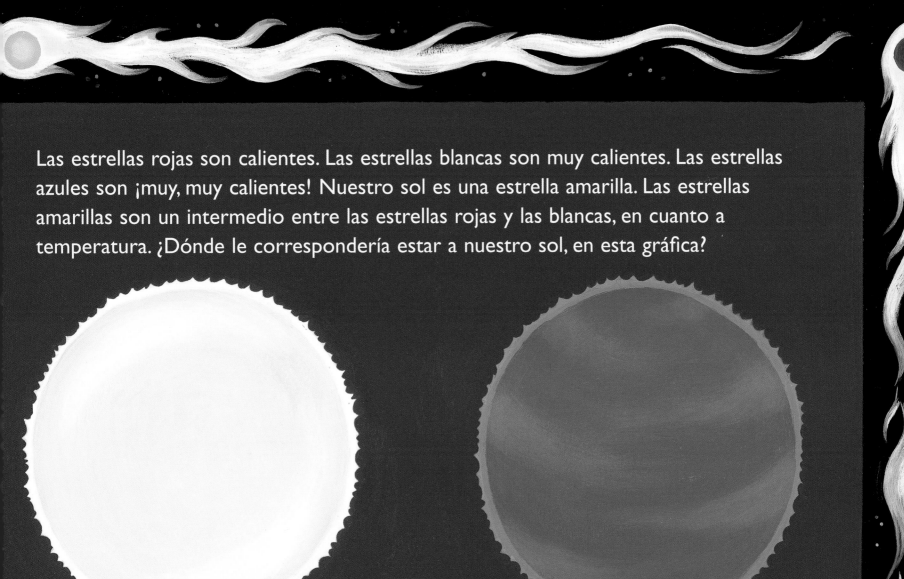

Muy caliente   Muy, muy caliente

Libra

Escorpión

Leo

Géminis

Tauro

En la antigüedad, la gente veía dibujos en
las estrellas. Tú también puedes usar las estrellas
para imaginar dibujos, como si jugaras a unir
los puntos para tener una imagen. Estas imágenes
que forman las estrellas se llaman constelaciones.

Polo Norte

Sagitario

Capricornio

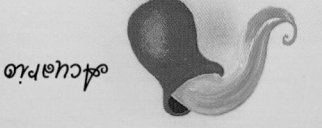

VOLTEA EL LIBRO

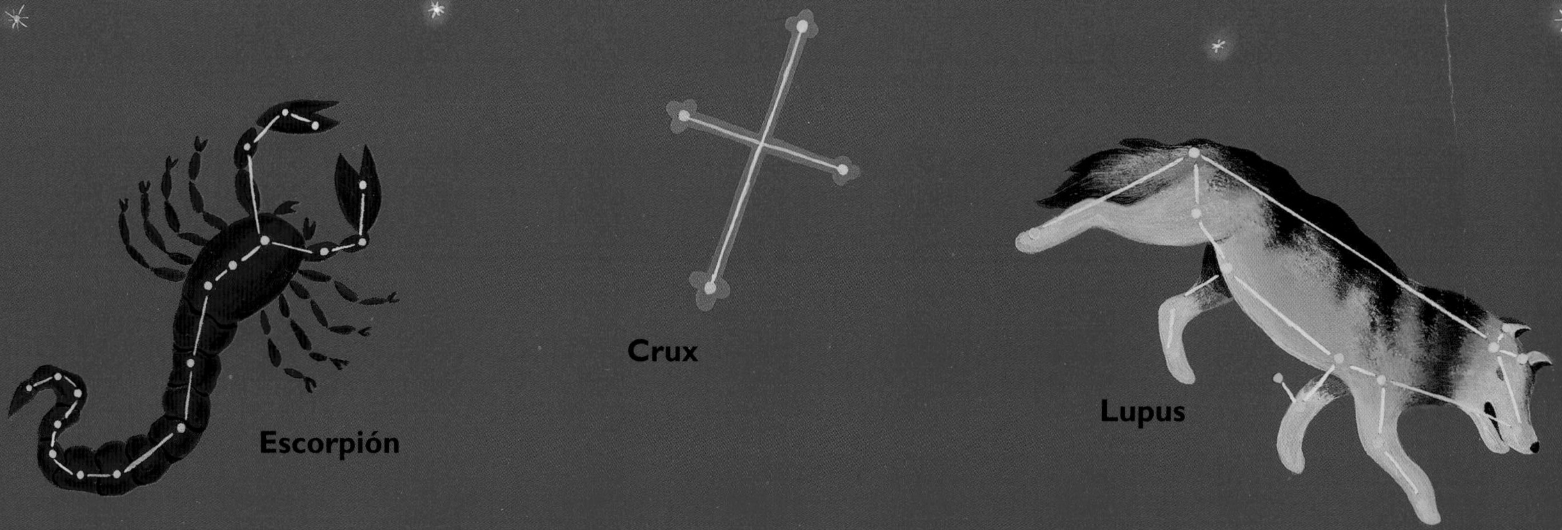

Crux

Escorpión

Lupus

Si vives en la mitad sur del mundo,
una constelación que ahí es famosa se llama Crux,
o Cruz del Sur. Es una figura formada
por cuatro estrellas.

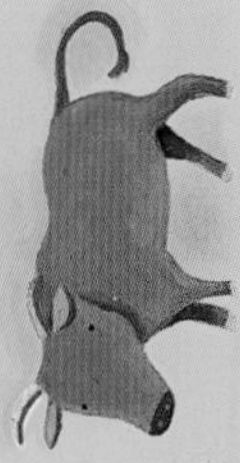

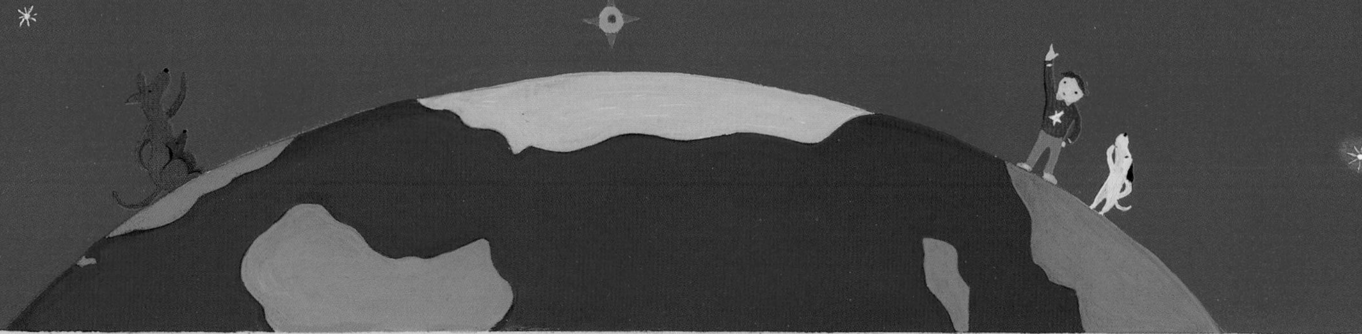

Polo Sur

Orión, el cazador, es otra famosa constelación. Si vives en la mitad norte del mundo, Orión es fácil de encontrar en el cielo nocturno durante el invierno. Sólo tienes que buscar tres estrellas en hilera. Esas tres estrellas forman el cinturón de Orión. Luego, puedes encontrar el resto de Orión.

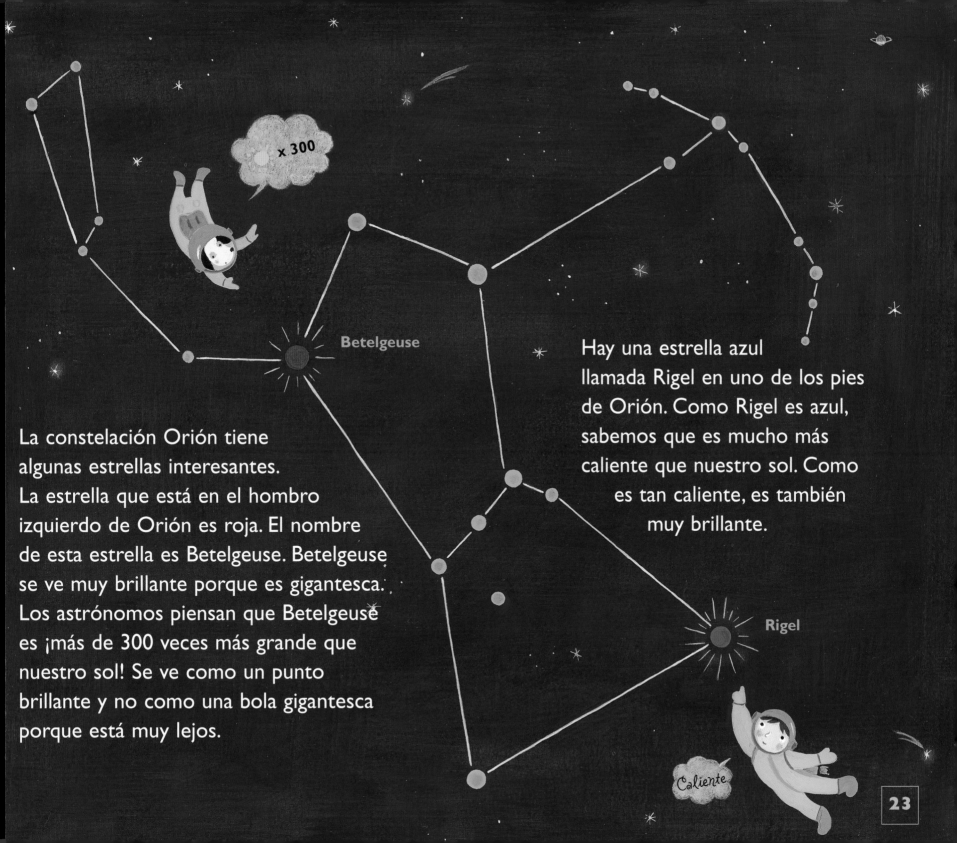

La constelación Orión tiene algunas estrellas interesantes. La estrella que está en el hombro izquierdo de Orión es roja. El nombre de esta estrella es Betelgeuse. Betelgeuse se ve muy brillante porque es gigantesca. Los astrónomos piensan que Betelgeuse es ¡más de 300 veces más grande que nuestro sol! Se ve como un punto brillante y no como una bola gigantesca porque está muy lejos.

Hay una estrella azul llamada Rigel en uno de los pies de Orión. Como Rigel es azul, sabemos que es mucho más caliente que nuestro sol. Como es tan caliente, es también muy brillante.

Si contemplas el cielo nocturno
unas cuantas horas, verás que las estrellas parecen
moverse lentamente por el cielo. Todas parecen
moverse juntas y los dibujos de las constelaciones
no cambian. Al igual que nuestro sol, las estrellas
salen por el Este y se ponen por el Oeste.

N

S

ESTE

mediodía   4:00 P.M.   8:00 P.M.

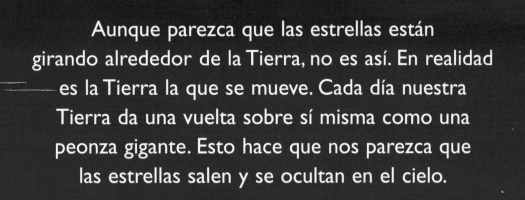

Aunque parezca que las estrellas están
girando alrededor de la Tierra, no es así. En realidad
es la Tierra la que se mueve. Cada día nuestra
Tierra da una vuelta sobre sí misma como una
peonza gigante. Esto hace que nos parezca que
las estrellas salen y se ocultan en el cielo.

OESTE

N

S

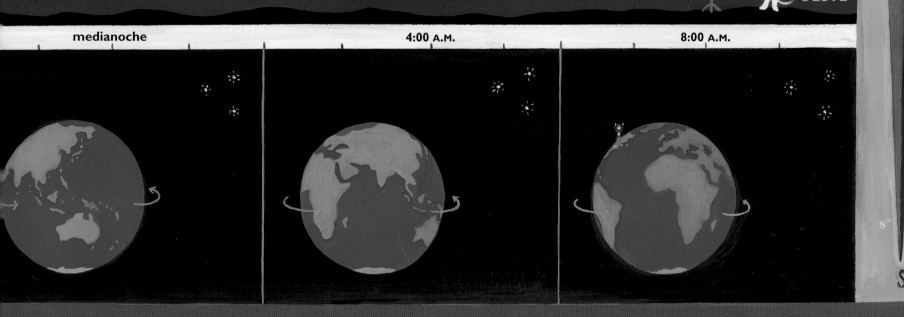

medianoche

4:00 A.M.

8:00 A.M.

En la parte norte del mundo puedes ver una estrella que no parece moverse nunca. Esta estrella se llama Polar. La estrella Polar también se conoce con otro nombre. Se llama Estrella del Norte porque siempre se encuentra en la parte norte del cielo.

10:00 p.m.

Puesta del sol

Hace mucho tiempo, la gente descubrió que podían usarla para orientarse aquí en la Tierra. Mucha gente piensa que la Estrella del Norte es una de las estrellas más brillantes. No lo es.

Para encontrar la Estrella del Norte, hay un truco simple. Primero busca siete estrellas que forman como un cucharón. La figura que forman se llama "Osa Mayor". Sigue las dos últimas estrellas en el hueco del cucharón o cabeza de la Osa Mayor. Te llevarán derecho hasta la Estrella del Norte.

Salida del sol

No hay una "Estrella del Sur". La gente que vive en la parte sur del mundo usa la Cruz del Sur para guiarse en el camino.

2:00 a.m.

En busca de vida

Algunas estrellas son grandes. Algunas estrellas son brillantes. Todas las estrellas están hechas de gas caliente y brillante, igual que nuestro sol. El sol es nuestra estrella, la única que está cerca de nuestra Tierra.

Cuando pides un deseo mirando a una estrella,
en realidad estás pidiendo un deseo a un sol muy lejano.
Y ese sol podría tener un planeta, igual que nuestra Tierra,
que gire alrededor de él. Quién sabe, quizás alguien en un
planeta que gira alrededor de otra estrella esté mirando
a nuestro sol ¡y pida un deseo a nuestra estrella!

Estrella luminosa

Puedes hacer el experimento para ver cómo la distancia que hay a una estrella parece cambiar la intensidad de su brillo. Necesitas lo siguiente:

- 2 linternas que brillen aproximadamente igual
- 2 amigos que te ayuden
- Una habitación grande y oscura

Divertido

Buena suerte

No abrir

1 Haz que la habitación quede lo más oscura posible. Da a cada uno de tus amigos una linterna. Pídeles que enciendan las linternas.

2 Pídeles a tus amigos que se sitúen a unos 3 metros separados de ti y que apunten la luz de sus linternas hacia ti. ¿Cuánto brilla la luz de las dos linternas?

3 Pídele a uno de tus amigos que dé unos pasos hacia atrás mientras el otro amigo se queda quieto en su lugar. ¿Qué efecto tiene en el brillo de la linterna el retirarla más lejos?

4 Ahora pídele al amigo que no se movió que dé unos pasos hacia ti. ¿Cómo afecta al brillo de la luz, si se acerca más hacia ti?

5 ¿Qué luz parece más brillante, la que está cerca o la que está lejos? ¿Qué te indica esto acerca de la relación entre la distancia y la intensidad de brillo de las estrellas?

¿Qué descubriste? (usa un espejo para leer esto)

Cuando empiezas, ambas linternas están a la misma distancia de ti. A medida que la primera linterna se aleja, su luz parece volverse más tenue. Conforme la segunda linterna se acerca a ti, su luz parece brillar más.

Imagina que las dos linternas son dos estrellas de igual tamaño y de igual intensidad de brillo. La linterna que está cerca de ti es nuestro sol. La linterna que está lejos de ti es una estrella más distante. La luz del sol no es más grande ni más brillante que la luz de la otra estrella, pero como está más cerca, se ve más brillante.

Cuando la linterna se acerca

Piensa

Traducción al español: María Teresa Sanz Falcón

Diseño del libro por LeSales Dunworth
La tipografía del texto está en Gill Sans. El tipo de viñetas y titulares es Clover.

Consultora de la serie Jump Into Science:
Christine Kiel, Early Education Science Specialist

Esta primera edición en español ha sido publicada en 2005 por
C.D. Stampley Enterprises, Inc.
1135 North Tryon Street
Charlotte, NC USA
Correo electrónico: info@stampley.com
ISBN 1-58087-102-x   Código Stampley G211
www.stampley.com

Una de las organizaciones no lucrativas científicas y de educación más grandes del mundo, la National Geographic Society se fundó en 1888 "para el incremento y la difusión del conocimiento geográfico". En el cumplimiento de esta misión, la Sociedad educa e inspira a millones de personas cada día, por medio de sus revistas, libros, programas de televisión, videos, mapas y atlas, donaciones para investigación, National Geographic Bee, talleres para maestros e innovadores materiales para la enseñanza. La Sociedad se sostiene con las cuotas de sus miembros, donaciones de caridad e ingresos de la venta de sus productos educativos. Este apoyo es vital para la misión de National Geographic de incrementar el entendimiento global y promover la conservación de nuestro planeta a través de la exploración, la investigación y la educación.
Para más información, llame por favor al 1-800-NGS LINE (647-5463)
o escriba a la siguiente dirección:

National Geographic Society
1145 17th Street N.W.
Washington, D.C. 20036-4688 U.S.A.

Impreso en Corea

Visite el sitio Web de la Sociedad: www.nationalgeographic.com